The Thinking Tree

MASTER CLASS

30 Day
Student Portfolio

SCENE   TAKE   ROLL

DATE   SOUND

PROD.CO.

DIRECTOR

MW00948077

STUDENT INFORMATION

NAME:

ADDRESS:

EMAIL:

DATE:

COURSE INFORMATION

NAME OF COURSE:

TOPIC:

INSTRUCTOR:

LINK:

THE THINKING TREE, LLC

FUNSCHOOLINGBOOKS.COM

Copyright 2017
Do Not Copy

By: Sarah Janisse Brown

Level C
For Advanced Students

LESSON #1

DATE:

TITLE:_____

NOTES:

NOTES:

NOTES:

NOTES:

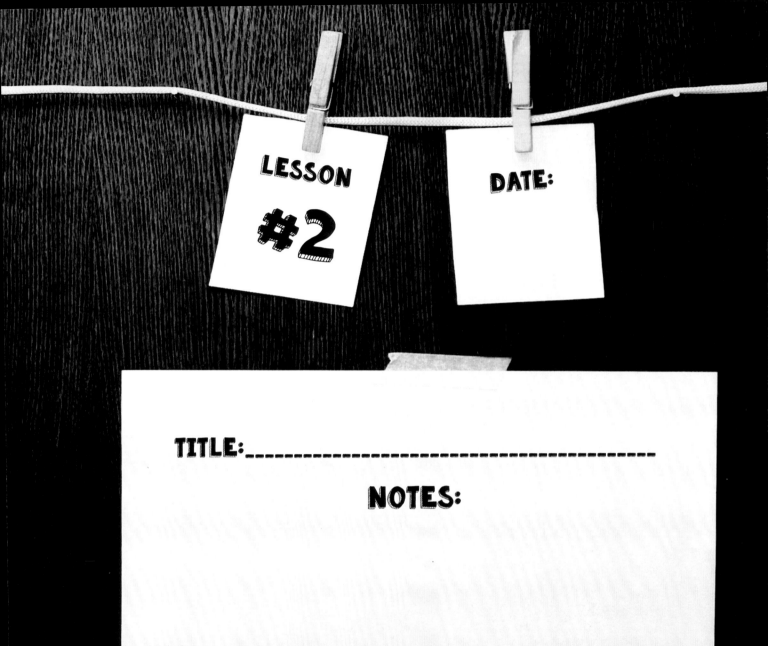

LESSON #2

DATE:

TITLE:_____

NOTES:

NOTES:

NOTES:

NOTES:

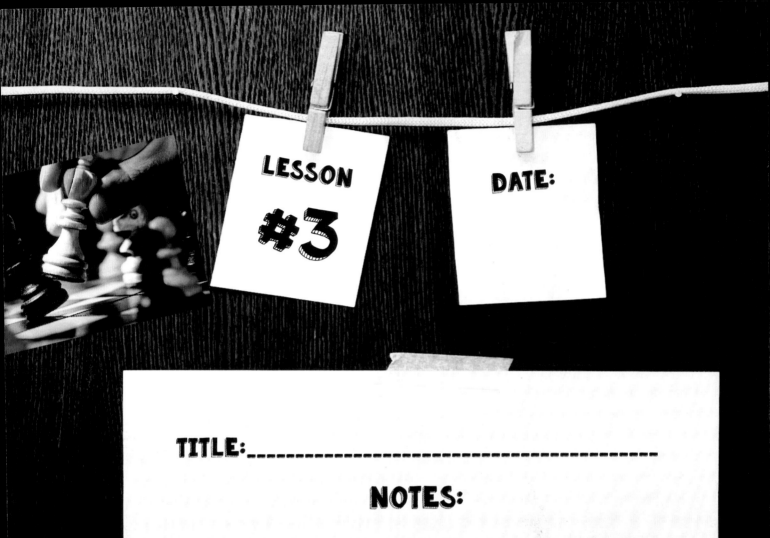

LESSON #3

DATE:

TITLE:_____

NOTES:

NOTES:

NOTES:

NOTES:

LESSON #4

DATE:

TITLE:_____

NOTES:

NOTES:

NOTES:

NOTES:

LESSON

#5

DATE:

TITLE:_____

NOTES:

NOTES:

NOTES:

NOTES:

LESSON #6

DATE:

TITLE:_____

NOTES:

NOTES:

NOTES:

NOTES:

LESSON #7

DATE:

TITLE:_____

NOTES:

NOTES:

NOTES:

NOTES:

LESSON

#8

DATE:

TITLE:_____

NOTES:

NOTES:

NOTES:

NOTES:

LESSON #9

DATE:

TITLE:_____

NOTES:

NOTES:

NOTES:

NOTES:

LESSON

#10

DATE:

TITLE:_____

NOTES:

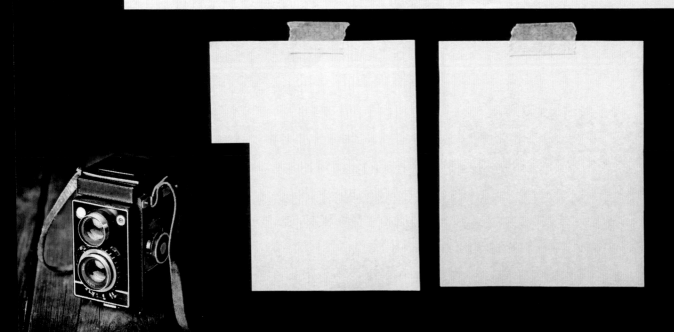

NOTES:

NOTES:

NOTES:

LESSON #11

DATE:

TITLE:_____

NOTES:

NOTES:

NOTES:

NOTES:

LESSON #12

DATE:

TITLE:_____

NOTES:

NOTES:

NOTES:

NOTES:

LESSON

#13

DATE:

TITLE:_____

NOTES:

NOTES:

NOTES:

NOTES:

LESSON

14

DATE:

TITLE:_____

NOTES:

NOTES:

NOTES:

NOTES:

LESSON #15

DATE:

TITLE:_____

NOTES:

NOTES:

NOTES:

NOTES:

LESSON #16

DATE:

TITLE:_____

NOTES:

NOTES:

NOTES:

NOTES:

LESSON #17

DATE:

TITLE:_____

NOTES:

NOTES:

NOTES:

NOTES:

LESSON #18

DATE:

TITLE:_____

NOTES:

NOTES:

NOTES:

NOTES:

LESSON

#19

DATE:

TITLE:_____

NOTES:

NOTES:

NOTES:

NOTES:

LESSON #20

DATE:

TITLE:_____

NOTES:

NOTES:

NOTES:

NOTES:

LESSON #21

DATE:

TITLE:_____

NOTES:

NOTES:

NOTES:

NOTES:

LESSON

#22

DATE:

TITLE:_____

NOTES:

NOTES:

NOTES:

NOTES:

LESSON #23

DATE:

TITLE:_____

NOTES:

NOTES:

NOTES:

NOTES:

LESSON

#24

DATE:

TITLE:_____

NOTES:

NOTES:

NOTES:

NOTES:

LESSON

#25

DATE:

TITLE:_____

NOTES:

NOTES:

NOTES:

NOTES:

LESSON

26

DATE:

TITLE:_____

NOTES:

NOTES:

NOTES:

NOTES:

LESSON #27

DATE:

TITLE:_____

NOTES:

NOTES:

NOTES:

NOTES:

LESSON #28

DATE:

TITLE:_____

NOTES:

NOTES:

NOTES:

NOTES:

LESSON #29

DATE:

TITLE:_____

NOTES:

NOTES:

NOTES:

NOTES:

LESSON
#30

DATE:

TITLE:_____

NOTES:

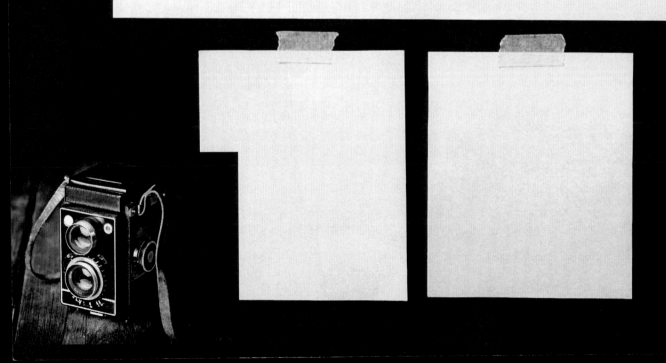

NOTES:

NOTES:

NOTES:

MASTER ANY SUBJECT

The Master Class
30 Day Student Portfolio
is a notebook and journal for
students who are taking online
courses in the arts, drama,
photography, film, music,
design, production, acting,
cooking, comedy,
sports, and more!

FUNSchoolingBOOKS.com
Made in the USA